Made in the USA
Monee, IL
19 December 2021

86512886R00073